企业信息公示暂行条例

中国法制出版社

目 录

中华人民共和国国务院令（第 777 号） ……（1）

国务院关于修改和废止部分行政法规的决定

 （节录） ……………………………………（2）

企业信息公示暂行条例 ……………………（7）

中华人民共和国国务院令

第 777 号

《国务院关于修改和废止部分行政法规的决定》已经 2024 年 2 月 2 日国务院第 25 次常务会议通过，现予公布，自 2024 年 5 月 1 日起施行。

总理　李强

2024 年 3 月 10 日

国务院关于修改和废止部分行政法规的决定（节录）

为贯彻落实党的二十大和二十届二中全会精神，落实党和国家机构改革精神，完整、准确、全面贯彻新发展理念，加快构建新发展格局，着力推动高质量发展，国务院对涉及的行政法规进行了清理。经过清理，国务院决定：

一、对8部行政法规的部分条款予以修改。（附件1）

二、对13部行政法规予以废止。（附件2）

本决定自2024年5月1日起施行。

附件：1. 国务院决定修改的行政法规
　　　2. 国务院决定废止的行政法规

附件 1

国务院决定修改的行政法规（节录）

……

七、将《企业信息公示暂行条例》第二条、第五条第一款、第六条第一款、第七条、第八条第一款、第十条第二款、第十三条第一款、第十四条、第十五条、第二十四条中的"工商行政管理部门"修改为"市场监督管理部门"。

第五条第一款、第六条第一款、第七条第二款、第八条第一款、第十条第一款、第十四条第三款、第十五条第二款、第二十四条第一款中的"企业信用信息公示系统"修改为"国家企业信用信息公示系统"。

增加一条，作为第十六条："市场监督管理部门对涉嫌违反本条例规定的行为进行查处，可以行使下列职权：

"（一）进入企业的经营场所实施现场检查；

"（二）查阅、复制、收集与企业经营活动相关的合同、票据、账簿以及其他资料；

"（三）向与企业经营活动有关的单位和个人调查了解情况；

"（四）依法查询涉嫌违法的企业银行账户；

"（五）法律、行政法规规定的其他职权。

"市场监督管理部门行使前款第四项规定的职权的，应当经市场监督管理部门主要负责人批准。"

第十七条改为第十八条，修改为："企业未按照本条例规定的期限公示年度报告或者未按照市场监督管理部门责令的期限公示有关企业信息的，由县级以上市场监督管理部门列入经营异常名录，并依法给予行政处罚。企业因连续2年未按规定报送年度报告被列入经营异常名录未改正，且通过登记的住所或者经营场所无法取得联系的，由县级以上市场监督管理部门吊销营业执照。

"企业公示信息隐瞒真实情况、弄虚作假的，法律、行政法规有规定的，依照其规定；没有规定的，由市场监督管理部门责令改正，处1万元以上5万元以下罚款；情节严重的，处5万元以上20万元以下罚款，列入市场监督管理严重违法失信名单，并可以吊销营业执照。被列入市场监督管理严重违法失信名单的企业的法定代表人、负责人，3年内不得担任其他企业的法定代表人、负责人。

"企业被吊销营业执照后，应当依法办理注销登记；未办理注销登记的，由市场监督管理部门依法作出处理。"

第十八条改为第十九条，将其中的"严重违法企业名单"修改为"市场监督管理严重违法失信名单"。

增加一条，作为第二十条："鼓励企业主动纠正违法失信行为、消除不良影响，依法申请修复失信记录。政府部门依法解除相关管理措施并修复失信记录的，应当及时将上述信息与有关部门共享。"

……

此外，对相关行政法规中的条文序号作相应调整。

企业信息公示暂行条例

(2014年8月7日中华人民共和国国务院令第654号公布　根据2024年3月10日《国务院关于修改和废止部分行政法规的决定》修订)

第一条　为了保障公平竞争，促进企业诚信自律，规范企业信息公示，强化企业信用约束，维护交易安全，提高政府监管效能，扩大社会监督，制定本条例。

第二条　本条例所称企业信息，是指在市场监督管理部门登记的企业从事生产经营活动过程中形成的信息，以及政府部门在履行职责过程中产生的能够反映企业状况的信息。

第三条　企业信息公示应当真实、及时。公示的企业信息涉及国家秘密、国家安全或者社会公共利益的，应当报请主管的保密行政管理部门或者国家安全机关批准。县级以上地方人民政府有关部门公示的企业信息涉及企业商业秘密或者个人隐私的，应当报请上级主管部门批准。

第四条　省、自治区、直辖市人民政府领导本行政区域的企业信息公示工作，按照国家社会信用信息平台建设的总体要求，推动本行政区域企业信用信息公示系统的建设。

第五条　国务院市场监督管理部门推进、监督企业信息公示工作，组织国家企业信用信息公示系统的建设。国务院其他有关部门依照本条例规定做好企业信息公示相关工作。

县级以上地方人民政府有关部门依照本条例规定做好企业信息公示工作。

第六条　市场监督管理部门应当通过国家企业信用信息公示系统，公示其在履行职责过程中产生的下列企业信息：

（一）注册登记、备案信息；

（二）动产抵押登记信息；

（三）股权出质登记信息；

（四）行政处罚信息；

（五）其他依法应当公示的信息。

前款规定的企业信息应当自产生之日起20个工作日内予以公示。

第七条 市场监督管理部门以外的其他政府部门（以下简称其他政府部门）应当公示其在履行职责过程中产生的下列企业信息：

（一）行政许可准予、变更、延续信息；

（二）行政处罚信息；

（三）其他依法应当公示的信息。

其他政府部门可以通过国家企业信用信息公示系统，也可以通过其他系统公示前款规定的企业信息。市场监督管理部门和其他政府部门应当按照国家社会信用信息平台建设的总体要求，实现企业信息的互联共享。

第八条 企业应当于每年1月1日至6月30日,通过国家企业信用信息公示系统向市场监督管理部门报送上一年度年度报告,并向社会公示。

当年设立登记的企业,自下一年起报送并公示年度报告。

第九条 企业年度报告内容包括:

(一)企业通信地址、邮政编码、联系电话、电子邮箱等信息;

(二)企业开业、歇业、清算等存续状态信息;

(三)企业投资设立企业、购买股权信息;

(四)企业为有限责任公司或者股份有限公司的,其股东或者发起人认缴和实缴的出资额、出资时间、出资方式等信息;

(五)有限责任公司股东股权转让等股权变更信息;

(六)企业网站以及从事网络经营的网店的名称、网址等信息;

（七）企业从业人数、资产总额、负债总额、对外提供保证担保、所有者权益合计、营业总收入、主营业务收入、利润总额、净利润、纳税总额信息。

前款第一项至第六项规定的信息应当向社会公示，第七项规定的信息由企业选择是否向社会公示。

经企业同意，公民、法人或者其他组织可以查询企业选择不公示的信息。

第十条 企业应当自下列信息形成之日起20个工作日内通过国家企业信用信息公示系统向社会公示：

（一）有限责任公司股东或者股份有限公司发起人认缴和实缴的出资额、出资时间、出资方式等信息；

（二）有限责任公司股东股权转让等股权变更信息；

（三）行政许可取得、变更、延续信息；

（四）知识产权出质登记信息；

（五）受到行政处罚的信息；

（六）其他依法应当公示的信息。

市场监督管理部门发现企业未依照前款规定履行公示义务的，应当责令其限期履行。

第十一条 政府部门和企业分别对其公示信息的真实性、及时性负责。

第十二条 政府部门发现其公示的信息不准确的，应当及时更正。公民、法人或者其他组织有证据证明政府部门公示的信息不准确的，有权要求该政府部门予以更正。

企业发现其公示的信息不准确的，应当及时更正；但是，企业年度报告公示信息的更正应当在每年6月30日之前完成。更正前后的信息应当同时公示。

第十三条 公民、法人或者其他组织发现企业公示的信息虚假的，可以向市场监督管理部门举报，接到举报的市场监督管理部门应当自接到举报材料之日起 20 个工作日内进行核查，予以处理，并将处理情况书面告知举报人。

公民、法人或者其他组织对依照本条例规定公示的企业信息有疑问的，可以向政府部门申请查询，收到查询申请的政府部门应当自收到申请之日起 20 个工作日内书面答复申请人。

第十四条 国务院市场监督管理部门和省、自治区、直辖市人民政府市场监督管理部门应当按照公平规范的要求，根据企业注册号等随机摇号，确定抽查的企业，组织对企业公示信息的情况进行检查。

市场监督管理部门抽查企业公示的信息，可以采取书面检查、实地核查、网络监测等方式。市场监督管理部门抽查企业公示的信息，可以委托会计师事务所、税务师事务所、律师事务所等专业机构开展相关工作，并依法利用其他政府部门作出的检查、核查结果或者专业机构作出的专业结论。

抽查结果由市场监督管理部门通过国家企业信用信息公示系统向社会公布。

第十五条 市场监督管理部门对企业公示的信息依法开展抽查或者根据举报进行核查,企业应当配合,接受询问调查,如实反映情况,提供相关材料。

对不予配合情节严重的企业,市场监督管理部门应当通过国家企业信用信息公示系统公示。

第十六条 市场监督管理部门对涉嫌违反本条例规定的行为进行查处,可以行使下列职权:

(一)进入企业的经营场所实施现场检查;

(二)查阅、复制、收集与企业经营活动相关的合同、票据、账簿以及其他资料;

(三)向与企业经营活动有关的单位和个人调查了解情况;

(四)依法查询涉嫌违法的企业银行账户;

(五)法律、行政法规规定的其他职权。

市场监督管理部门行使前款第四项规定的职权

的，应当经市场监督管理部门主要负责人批准。

第十七条 任何公民、法人或者其他组织不得非法修改公示的企业信息，不得非法获取企业信息。

第十八条 企业未按照本条例规定的期限公示年度报告或者未按照市场监督管理部门责令的期限公示有关企业信息的，由县级以上市场监督管理部门列入经营异常名录，并依法给予行政处罚。企业因连续2年未按规定报送年度报告被列入经营异常名录未改正，且通过登记的住所或者经营场所无法取得联系的，由县级以上市场监督管理部门吊销营业执照。

企业公示信息隐瞒真实情况、弄虚作假的，法律、行政法规有规定的，依照其规定；没有规定的，由市场监督管理部门责令改正，处1万元以上5万元以下罚款；情节严重的，处5万元以上20万元以下罚款，列入市场监督管理严重违法失信名单，并可以吊销营业执照。被列入市场监督管理严重违法失信名单的企业的法定代表人、负责人，3年内不得担任其他企业的法定代表人、负责人。

企业被吊销营业执照后，应当依法办理注销登记；未办理注销登记的，由市场监督管理部门依法作出处理。

第十九条 县级以上地方人民政府及其有关部门应当建立健全信用约束机制，在政府采购、工程招投标、国有土地出让、授予荣誉称号等工作中，将企业信息作为重要考量因素，对被列入经营异常名录或者市场监督管理严重违法失信名单的企业依法予以限制或者禁入。

第二十条 鼓励企业主动纠正违法失信行为、消除不良影响，依法申请修复失信记录。政府部门依法解除相关管理措施并修复失信记录的，应当及时将上述信息与有关部门共享。

第二十一条 政府部门未依照本条例规定履行职责的，由监察机关、上一级政府部门责令改正；

情节严重的，对负有责任的主管人员和其他直接责任人员依法给予处分；构成犯罪的，依法追究刑事责任。

第二十二条 非法修改公示的企业信息，或者非法获取企业信息的，依照有关法律、行政法规规定追究法律责任。

第二十三条 公民、法人或者其他组织认为政府部门在企业信息公示工作中的具体行政行为侵犯其合法权益的，可以依法申请行政复议或者提起行政诉讼。

第二十四条 企业依照本条例规定公示信息，不免除其依照其他有关法律、行政法规规定公示信息的义务。

第二十五条 法律、法规授权的具有管理公共事务职能的组织公示企业信息适用本条例关于政府部门公示企业信息的规定。

第二十六条 国务院市场监督管理部门负责制定国家企业信用信息公示系统的技术规范。

个体工商户、农民专业合作社信息公示的具体办法由国务院市场监督管理部门另行制定。

第二十七条 本条例自2014年10月1日起施行。

企业信息公示暂行条例
QIYE XINXI GONGSHI ZANXING TIAOLI

经销/新华书店
印刷/鸿博睿特（天津）印刷科技有限公司
开本/850 毫米×1168 毫米　32 开　　　印张/0.75　字数/6 千
版次/2024 年 4 月第 1 版　　　　　　　2024 年 4 月第 1 次印刷

中国法制出版社出版
书号 ISBN 978-7-5216-4451-7　　　　　定价：5.00 元

北京市西城区西便门西里甲 16 号西便门办公区
邮政编码：100053　　　　　　　　传真：010-63141600
网址：http：//www.zgfzs.com　　编辑部电话：010-63141673
市场营销部电话：010-63141612　　印务部电话：010-63141606

（如有印装质量问题，请与本社印务部联系。）